Made in the USA
Middletown, DE
05 October 2022

12040837R00120